Diccionario visual bilingüe
El reino animal

El libro de la selva
The Jungle Book
más de 200 palabras en inglés y castellano

get a
book

© 2022, Get a Book Editions, S. L.
www.getabook.es

Autor: Pedro Gómez Carrizo
Ilustrador: Octavi Navarro, Eric Villa

ISBN: 9798813695131
Sello: Independently published

The Jungle Book

Ésta es la historia de Mowgli y sus amigos Balú y Bagheera. Síguelos en todas sus aventuras en la jungla y descubre todos los secretos del reino animal.

This is the story of Mowgli and his friends, Baloo and Bagheera. Follow them on all their adventures in the jungle and discover all the secrets of the animal kingdom.

Los protagonistas ✳ Main characters

Balú ✳ Baloo

Un oso pardo al que le encanta comer.

✳

A brown bear who loves to eat.

Mowgli

Un niño humano que se pierde en la selva. Balú y Bagheera cuidarán de él.

✳

A human boy lost in the çwill take care of him.

Bagheera

Una sabia pantera negra que caza pájaros.

✳

A wise black panther who hunts birds.

Kaa
Una pitón decidida a ayudar a quienquiera que la llame.
A python who is always keen to help whoever calls him.
Hathi
El líder de los elefantes.
The elephant's leader.
Shere Khan
Un tigre que odia a Mowgli. Todo el mundo lo teme.
A tiger who hates Mowgli. Everybody is afraid of him.
Mamá Loba * Mother Wolf
Una loba feroz que cuida a Mowgli cuando es pequeño.
A ferocious wolf who takes care of Mowgli when he is a baby.

El pobrecito Mowgli se ha perdido en las profundidades de la jungla.

Poor little Mowgli is lost in the depths of the jungle.

Shere Khan, el temible **tigre**, ve al niño perdido y lo vigila, para cazarlo y comérselo. Mowgli llega a un claro del **bosque** en el que encuentra un enorme **oso pardo**, que está comiendo unos plátanos. El niño al principio tiene miedo, pero el oso Balú es amable y le ofrece un **plátano**. Cuando Shere Khan ve que el oso protege a Mowgli, se aleja.

Shere Khan, the ferocious **tiger**, sees the lost boy and watches him, to hunt and eat him. Mowgli arrives at a clearing in the **woods** and finds a big **brown bear**, who is eating bananas. The boy is afraid at first, but Baloo, the bear, is kind and offers him a **banana**. When Shere Khan sees that the bear is protecting Mowgli, he leaves.

Verbos y acciones

ofrecer * to offer
proteger * to protect
comer * to eat
rugir * to growl

koala * koala
oso polar * polar bear
rascar * to scratch
oso de peluche * teddy bear
bambú * bamboo
cueva * cave
hibernar * to hibernate
oso panda * panda

14

Balú lleva al **pequeño Mowgli** a dormir con los **cachorros** de Mamá Loba.

Baloo takes little Mowgli to sleep with Mother Wolf's cubs.

En la cueva * In the cave
16
ladrar * to bark
perro * dog
¡GUAU!
WOOF!
zorro * fox
cachorro * puppy
manada * pack

Mowgli **crece** con su nueva familia, la manada de lobos. Lo tratan como uno de los suyos, y aprende a **cazar** y a **dormir** en una cueva para protegerse de la lluvia y del frío. Pero Mowgli no es un lobo de verdad, y nunca aprende a **aullar** a la luz de la luna. Cuando Mowgli es **mayor**, Mamá Loba lo lleva a la pantera Bagheera, que le **enseña** más cosas.

Mowgli **grows up** with his new family, the wolf pack. They treat him like one of their own, and he learns **to hunt** and **to sleep** in a cave to protect himself from the rain and the cold. But Mowgli is not a true wolf, and he never learns **to howl** at the moon. When Mowgli is **older**, Mother Wolf takes him to Bagheera, the panther, who **teaches** him more things.

Verbos y acciones

menear la cola * to wag the tail
jadear * to pant
morder * to bite
gruñir * to growl

Bagheera **enseña** a Mowgli
a *trepar* a los árboles.

Bagheera **teaches** Mowgli **to climb** to the trees.

Al principio, a Mowgli le cuesta mucho **trepar** a los árboles, pero enseguida se hace muy ágil y casi parece un **mono**. Mowgli también aprende a agazaparse y a no hacer ruido, para alcanzar las ramas más altas donde están los nidos y poder **desayunar** huevos de pájaro.

At first, Mowgli has a hard time **climbing** trees, but in no time at all he becomes very agile and he almost seems a **monkey**. Mowgli also learns to crouch down and keep completely quiet, so he can reach the highest branches, where there are nests, and have bird's eggs for **breakfast**.

Verbos y acciones

trepar * to climb
trinar * to sing
alcanzar * to reach
ulular * to hoot

En el nido ❋ In the nest

Salir volando * Flying away

Mowgli no tiene garras para agarrarse, y cae del árbol.

Mowgli does not have **claws** to hold on, and **falls** from the tree.

Salir volando * Flying away

gaviota * gull

cuervo * crow

urraca * magpie

pelícano * pelican

pingüino * penguin

avestruz * ostrich

flamenco * flamingo

Afortunadamente, el oso Balú *atrapa* a Mowgli antes de que golpee contra el suelo, pero todos los pájaros de los árboles salen volando y Bagheera no caza nada para comer. La pantera le *pide* a Balú que enseñe al niño los otros *peligros* que hay en la selva. También pide a Baloo que lo proteja de Shere Khan, el temible tigre, que todos estos años ha deseado comerse a Mowgli.

Luckily, Baloo the bear *catches* Mowgli before he hits the ground, but all the birds from the trees fly away and Bagheera can't catch anything to eat. The panther *asks* Baloo to teach the boy about all the other *dangers* in the jungle. He also asks Baloo to protect him from Shere Khan, the ferocious tiger, who has been longing to eat Mowgli all these years.

Verbos y acciones

aletear ⁕ to flap the wings
picotear ⁕ to peck
atrapar ⁕ to catch
graznar ⁕ to caw

Balú le enseña a Mowgli a conseguir miel... y a huir de las abejas.

Baloo **shows** Mowgli how **to get** honey... and to get away from the bees.

Balú es un buen **maestro** para Mowgli, porque le enseña a buscar comida en los lugares más **insospechados**: la miel de las abejas, los gusanos debajo de las cortezas de los árboles, las moras de los zarzales, y a coger los frutos secos de los árboles. A Balú le gusta **comer** bien, y Mowgli aprende a cubrir todas las necesidades de su vida.

Baloo is a good **teacher** for Mowgli, because he shows him how to get food from the most **unexpected** places: honey from the bees, bugs from underneath the tree bark, blackberries from brambles, and nuts from trees. Baloo likes a good **meal**, and Mowgli learns how to meet the bare necessities of life.

Verbos y acciones

tejer * to spin
zumbar * to buzz
enseñar * to teach
gustar * to like

mosquito * mosquito
mariquita * ladybug
oruga * caterpillar
caracol * snail
cucaracha * cockroach
araña * spider
antena * anten-
gusano * worm
telaraña * web

Balú también **enseña** a Mowgli a pescar en el río.

Baloo also **teaches** Mowgli how to fish in the river.

Bajo el agua * Under the water

Mowgli también aprende a **nadar**, a lavarse en el río y a comer pescado. Balú le advierte de que tiene que ir con **mucho cuidado** en la jungla, pues está llena de peligros, como Shere Khan, el temible tigre, o los monos, que sólo quieren **jugar**. Balú le enseña el lenguaje secreto de las serpientes, ya que éstas podrán **ayudarlo** si Mowgli las llama con su lenguaje.

Mowgli also learns **to swim**, to wash himself in the river and to eat fish. Baloo warns him to be **very careful** in the jungle, because it is full of dangers, like Shere Khan, the ferocious tiger, or the monkeys, who only want **to play**. Baloo teaches him the secret language of the snakes, because they can **help him** whenever Mowgli calls them in their own language.

Verbos y acciones

pescar * to fish
nadar * to swim
advertir * to warn
bucear * to dive

A pesar de las advertencias de Balú, Mowgli escapa con los monos.

Despite Baloo's **warnings**, Mowgli **runs off** with the monkeys.

Mowgli se lo pasa muy bien en las copas de los árboles con sus nuevos amigos, los monos. Éstos quieren coronarlo su rey, y juegan con él, hasta que se aburren de su nuevo juguete. Mowgli quiere volver junto a Balú y Bagheera, pero le da miedo porque está en una zona de la jungla que no conoce. Los monos no quieren llevarlo de vuelta.

Mowgli has so much fun in the tree tops with his new friends, the monkeys. They want to make him their king, and they play with him until they get bored with their new toy. Mowgli wants to go back to Baloo and Bagheera, but he is afraid because he is unfamiliar with this part of the jungle he is in. The monkeys don't want to take him back.

Verbos y acciones

saltar * to jump
reír * to laugh
divertirse * to have fun
aburrirse * to get bored

mono araña * spider monkey
lémur * lemur
tití * titi monkey
chimpacé * chimpanzee
babuino * baboon
gorila * gorilla
mono capuchino * capuchin monkey
orangután * orangutan

Mowgli usa el **lenguaje** de las serpientes para llamar a Kaa.

Reptiles y anfibios
Reptiles and amphibians
pitón * python
rana * frog
lagartija * wall lizard
Mowgli uses the snakes' language
to call Kaa.

Reptiles y anfibios
Reptiles and amphibians

La pitón Kaa **aparece** cuando Mowgli la llama. Uno de los monos agarra a Mowgli, porque no quiere que se lo lleven, pero Kaa también sujeta a Mowgli y **tira** de él. Al final la serpiente lográ **hipnotizar** al mono con su mirada y hace que éste suelte al niño. Mowgli puede por fin volver con Balú y Bagheera.

Kaa, the python, **appears** as soon as Mowgli calls for him. One of the monkeys clings on to Mowgli because he doesn't want the snake to take him, but Kaa also grabs hold of Mowgli and **pulls** him. Eventually, the snake **hypnotizes** the monkey with his eyes and makes him release the boy. Mowgli can finally go back to Baloo and Bagheera.

Verbos y acciones

reptar * to slither
sisear * to hiss
arrastrarse * to drag
hipnotizar * to hypnotize

Cuando Mowgli va en busca de Balú,
Shere Khan acecha.

While Mowgli goes searching for Baloo, Shere Khan lurks.

En medio de la jungla, todos los animales salen huyendo al ver al **temible** tigre, Shere Khan. Mowgli **grita** pidiendo socorro, pero todos los animales temen al tigre. Empieza a llover, y los truenos y los relámpagos asustan todavía más al niño. Un **relámpago** cae muy cerca y enciende una rama.

In the middle of the jungle, all the animals flee when they see Shere Khan, the **ferocious** tiger. Mowgli **cries** for help, but all the animals are afraid of the tiger. It begins to rain, and the thunder and lightning terrify the boy even more. A **lightning** bolt falls near him and sets a branch alight.

Verbos y acciones

huir * to flee
gritar * to cry
temer * to be afraid of
llover * to rain

Roedores * Rodents

46

Mowgli coge la rama en llamas para defenderse de Shere Khan.

Mowgli **takes** the flaming branch to **defend himself** against Shere Khan.

Felinos * Felines

Al principio, Mowgli cree que es solo una flor roja, pero enseguida se da cuenta de que es *fuego* Shere Khan no teme a nada, solo al fuego, y al ver al niño armado con las llamas huye, para no *volver* nunca. Bahú y Bagheera llegan a tiempo de ver al tigre marcharse, y se dan cuenta de que su *pequeño niño* se ha convertido ya en todo un hombre.

At first, Mowgli thinks that it is only a red flower, but he soon realizes it is *fire*. Shere Khan is not afraid of anything but fire, and when he sees the boy armed with flames, he flees, never *to return*. Baloo and Bagheera arrive in time to see the tiger running away, and they realize that their *little boy* is already a man.

Verbos y acciones

bufar * to hiss
maullar * to miaow
ronronear * to purr
erizarse * to bristle

Balú y Bagheera llevan a Mowgli ante Hathi, el líder de los elefantes.

Baloo and Bagheera **take** Mowgli before Hathi, the elephants' **leader**.

Hathi examina a Mowgli, *mira* a sus compañeros y a su amigo el rinoceronte, y dice:

—Mowgli ya es todo un hombre. Y la selva no es lugar para que *vivan* los humanos. Debería ir a vivir al poblado humano.

Mowgli mira a Balú y a Bagheera, porque *sabe* que aquello significa que tendrá que separarse para siempre de sus amigos.

Hathi inspects Mowgli, *looks* at his companions and his friend, the rhino, and says:

"Mowgli is already a man. And the jungle is no place for humans *to live*. He should be living in the village with other people."

Mowgli looks at Baloo and Bagheera, because *he knows* that this means parting from his friends forever.

Verbos y acciones

barritar * to trumpet

cornear * to butt

rumiar * to ruminate

embestir * to charge

Animales grandes * Big animals

En el camino * On the road
54
grupa * hindquarters
silla de montar * saddle
potro * colt
Mowgli y sus amigos van al camino para encontrar humanos.

Mowgli and his **friends** go to the road in search of other **humans**.

camello * camel
cebra * zebra
llama * llama
burro * donkey
yegua * mare
mula * mule
poni * pony

Desde la maleza, Mowgli y sus **amigos** contemplan a una pareja de humanos.

—Debes ir con ellos —dice Balú, dándole un pequeño **empujón** a Mowgli con la pata.

—Os echaré mucho de menos —**responde** el niño, llorando.

—Y nosotros a ti —dice Bagheera.

Mowgli **abraza** a Balú y a Bagheera y se dirige a conocer a los humanos.

From the undergrowth, Mowgli and his **friends** watch a couple of humans.

"You must go with them," says Baloo, **pushing** Mowgli gently with his paw.

"I will miss you so much", **answers** the boy, crying.

"We will miss you too", says Bagheera.

Mowgli **hugs** Baloo and Bagheera, and goes to meet the humans.

Verbos y acciones

pastar ✳ to graze
relinchar ✳ to neigh
montar ✳ to ride
galopar ✳ to gallop

La **pareja** de humanos **lleva** a Mowgli a la granja.

The **couple** **takes** Mowgli
to a farm.

Mowgli es muy bien recibido entre los humanos, y enseguida una mujer que había **perdido** a un niño de su edad en la selva lo **adopta** como si fuese hijo suyo. Aunque ahora sea un humano más, siempre que puede se **escapa** para cazar con Bagheera, jugar con sus hermanos lobo, o comer con Balú, porque Mowgli nunca **olvidará** a sus amigos de la selva.

Mowgli is welcomed by the humans, and very soon a woman who had **lost** a boy of his age in the jungle **adopts** him as her own child. Though he is now another human, whenever he can he **runs away** to hunt with Bagheera, to play with his wolf brothers, or to eat with Baloo, because Mowgli can never **forget** his jungle friends.

Verbos y acciones

hacer cua cua * to quack
cacarear * to cluck
mugir * to moo
ser bien recibido * to be welcomed

gallo * rooster
espantapájaros * scarecrow
establo * stable
tractor * tractor
pato * duck
oca * goose

Diccionario
inglés * castellano

A

<u>amphibians</u> * anfibios
<u>animal</u> * animal
<u>ant</u> * hormiga
<u>antenna</u> * antena
<u>arrive</u> * llegar

B

<u>baboon</u> * babuino
<u>back</u> * lomo
<u>bamboo</u> * bambú
<u>bark</u> * corteza, ladrar
<u>barn</u> * granero
<u>bat</u> * murciélago
<u>be afraid of</u> * temer
<u>be welcomed</u> * ser bien recibido
<u>beak</u> * pico
<u>beaver</u> * castor
<u>bee</u> * abeja
<u>birdseed</u> * alpiste
<u>bison</u> * bisonte
<u>bite</u> * morder
<u>bone</u> * hueso
<u>branch</u> * rama

<u>bristle</u> * erizarse
<u>bubble</u> * burbuja
<u>bull</u> * toro
<u>butt</u> * cornear
<u>butterfly</u> * mariposa
<u>buzz</u> * zumbar

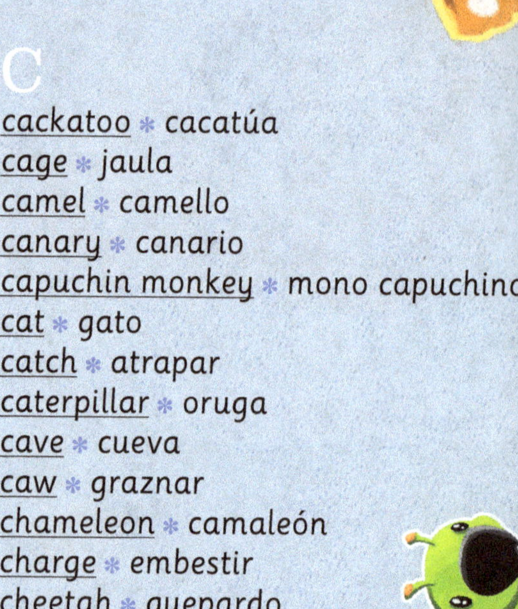

C

<u>cackatoo</u> * cacatúa
<u>cage</u> * jaula
<u>camel</u> * camello
<u>canary</u> * canario
<u>capuchin monkey</u> * mono capuchino
<u>cat</u> * gato
<u>catch</u> * atrapar
<u>caterpillar</u> * oruga
<u>cave</u> * cueva
<u>caw</u> * graznar
<u>chameleon</u> * camaleón
<u>charge</u> * embestir
<u>cheetah</u> * guepardo
<u>chicken</u> * gallina
<u>chimpanzee</u> * chimpancé
<u>chirp</u> * piar
<u>claw</u> * garra
<u>climb</u> * trepar
<u>clownfish</u> * pez payaso
<u>cluck</u> * cacarear

cobra * cobra
cockroach * cucaracha
colt * potro
comb * cresta
cougar * puma
cow * vaca
crab * cangrejo
crocodile * cocodrilo
crouch down * agazaparse
crow * cuervo
cry * gritar

D

dive * bucear
dog * perro
dolphin * delfín
donkey * burro
dormouse * lirón
dove * paloma
drag * arrastrarse
dragonfly * libélula
duck * pato

E

ear * oreja
eat * comer
eel * anguila
egg * huevo
elephant * elefante

F

fang * colmillo
feather * pluma
feline * felino

field mouse * ratón de campo
fin * aleta
fish * pescar, pez
flamingo * flamenco
flap the wings * aletear
flee * huir
fly * mosca, volar
footprint * huella
fox * zorro
frog * rana
front paw * pata delantera
fur * piel

G

gallop * galopar
get bored * aburrrirse
gill * branquia
giraffe * jirafa
gnaw * roer
goose * oca
gorilla * gorila
graze * pastar
groundhog * marmota
growl * rugir, gruñir

H

hamster * hámster
hang * colgar
hare * liebre
have fun * divertirse
hibernate * hibernar
hide * cuero
hindquarters * grupa
hippopotamus * hipopótamo
hiss * sisear, bufar
hive * colmena
honey * miel
hoof * casco
hoot * ulular
horn * cuerno
horse * caballo
horseshoe * herradura
howl * aullar
hummingbird * colibrí
hypnotize * hipnotizar

I

iguana * iguana
incisor * incisivo

J

jump * saltar
jungle * selva

K

kitten * gatito
koala * koala

L

ladybug * mariquita
laugh * reír
leaf * hoja
learn * aprender
lemur * lémur

like * gustar
lion * león
lioness * leona
litter box * arenero
llama * llama
lynx * lince

M

magpie * urraca
mane * crin
manger * pesebre
mare * yegua
meow * miau
monkey * mono
moo * mugir
mosquito * mosquito
mule * mula
muzzle * hocico

N

neigh * relinchar
nest * nido

O

octopus * pulpo
offer * ofrecer
orangutan * orangután
ostrich * avestruz
owl * búho

P

pack * manada
panda * panda bear
pant * jadear
panther * pantera
parrot * loro
peacock * pavo real
peck * picotear
pelican * pelícano
penguin * pingüino
pig * cerdo
piranha * piraña
play * jugar
polar bear * oso polar
pony * poni
porcupine * puercospín
protect * proteger
puppy * cachorro
purr * ronronear
python * pitón

Q

quack * hacer cua cua

R

rabbit * conejo
rain * llover
rat * rata
reach * alcanzar
reins * riendas
reptile * reptil
rhino * rinoceronte
ride * montar
road * camino
rodent * roedor
rooster * gallo
ruminate * rumiar

snake * serpiente
spider * araña
spider monkey * mono araña
spin * tejer
squirrel * ardilla
stable * establo
starfish * estrella de mar
sting * aguijón
straw * paja
stripe * raya
swallow * golondrina
swan * cisne
swim * nadar

S

saddle * silla de montar
scales * escamas
scarecrow * espantapájaros
scratch * rascar
sea-horse * caballito de mar
seal * foca
shark * tiburón
shrimp * gamba
sing * trinar
slither * reptar
snail * caracol

T

tadpole * renacuajo
tail * cola
teach * enseñar
teddy bear * oso de peluche
tiger * tigre
titi monkey * tití
toad * sapo
tongue * lengua
toucan * tucán
tractor * tractor
tree * árbol
trumpet * barritar
trunk * tronco
turkey * pavo
tusk * colmillo

venom * veneno
vulture * buitre

whiskers * bigotes
wildcat * gato montés
wing * ala
wolf * lobo
wolf cub * lobezno

wag the tail * menear la cola
wall lizard * lagartija
walrus * morsa
warn * advertir
watch * vigilar
web * telaraña
whale * ballena

woodpecker * pájaro carpintero
woof * guau
worm * gusano

yard * corral

zebra * cebra

Tom Sawyer, Pirate

*

El cuerpo humano
y la ropa

Peter Pan

*

La familia
y los sentimientos

5

Snow White
*
La comida

6

Robin Hood
*
Los deportes y el ocio

7

Around the World
*
Los viajes y los medios
de transporte

8

Aladdin
*
Cantidades y calidades

9

Treasure Island
*
El tiempo y el clima

10

Oliver Twist
*
Profesiones y oficios

get a
book